Alexander Koch

600 Monogramme und Zeichen

Alexander Koch

600 Monogramme und Zeichen

ISBN/EAN: 9783845723792
Erscheinungsjahr: 2012
Erscheinungsort: Bremen, Deutschland

www.unikum-verlag.de | office@unikum-verlag.de

Bei diesem Titel handelt es sich um den Nachdruck eines historischen, lange vergriffenen Buches. Da elektronische Druckvorlagen für diese Titel nicht existieren, musste auf alte Vorlagen zurückgegriffen werden. Hieraus zwangsläufig resultierende Qualitätsverluste bitten wir zu entschuldigen.

Alexander Koch

600 Monogramme und Zeichen

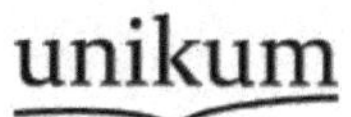

VORBILDER
FÜR KÜNSTLER, KUNSTGEWERBLER
UND KUNSTFREUNDE
FÜR INDUSTRIE UND HANDEL

VERLAGSANSTALT ALEXANDER KOCH · DARMSTADT

48 TAFELN
MONOGRAMME UND ZEICHEN

FÜR ALLE ZWECKE
UND AUSFÜHRUNGSARTEN:

ZUM STICKEN UND AUSZEICHNEN DER WÄSCHE / ZUM BEDRUCKEN VON BRIEF-BOGEN, BESUCHS- UND WERBE-KARTEN / ZUM GRAVIEREN IN EDELMETALL UND GLAS / ZUM PRÄGEN / U. A. M.

HERAUSGEGEBEN
VON
ALEXANDER KOCH

MONOGRAMME UND ZEICHEN

M o n o g r a m m e u n d Z e i c h e n, wie sie dieses Buch bringt, gehören in die große Familie der S y m b o l e, die von jeher dazu verwendet wurden, die Beziehung einer Sache zu ihrem Träger, Eigentümer, Urheber knapp und schlagend anzugeben. Der Edle hat sein Wappen, der Indianer sein Totem, die Staaten und Völker ihre Fahnen und Sinnbilder, die Religionen ihr Kreuz, ihren Halbmond, ihre Sonne. Das Haus trägt seine Hausmarke, der Steinmetz bringt sein Zeichen am Bauwerk an, Goldschmiede prägen ihren Arbeiten Merkzeichen ein, Porzellane tragen die Marke ihres Herstellers, Bücher das Signet des Verlegers, Bilder das Monogramm des Künstlers, Fabriken jeder Art führen ihre Zeichen als Werbemittel und als Schutz gegen Nachahmung.

So spielt das Z e i c h e n seit den ersten Anfängen der Menschengeschichte eine wichtige Rolle. Von jeher hat sich der Deutsche durch eine besondere Vorliebe für das Symbol ausgezeichnet. Er hatte immer eine herzhafte Freude an Wappen und Sinnbild. Er hatte ebensoviel Sinn für das geheimnisvoll Andeutende des Symbols, wie für die Sicherung von Recht und Vorteil, die es liefert; ebensoviel Sinn für die Eingliederung in Gemeinschaften unter Zeichen, wie für die A u s p r ä g u n g d e r P e r s ö n l i c h k e i t, die sich in Zeichen verdeutlicht. . . . .

*

Die Haupttugend des Z e i c h e n s ist, daß es mit einem Blick zu fassen und zu erkennen ist. Das künstlerisch geformte Monogramm ist die sinnfälligste, einprägsamste Art, die „Persönlichkeit" zu bezeichnen. Es kommt dem Bedürfnis unserer schnellebigen Zeit entgegen: sie liebt die E s s e n z der Dinge und sucht nach den knappsten Ausdrucksformen. In allen Künsten und Wissenschaften läßt sich heute diese Neigung zur A b k ü r z u n g, — unter geringstem Aufwand darstellender Arbeit möglichst viel zu charakterisieren und präzisieren, — wahrnehmen. Die Literatur-Technik geht auf Vergeistigung in größter Knappheit aus, und nicht anders steht es im Geschäftsleben, das P r ä g n a n z um jeden Preis verlangt, weil kurz und eindringlich Gefaßtes sich l e i c h t e i n p r ä g t. Man denke etwa an die markanten Klangmarken: Ika, — Bugra, — Wumba u. a., die schnell Sprachgebrauch wurden und sich auch dem G e b r a u c h s g r a p h i k e r zur eindringlichen Darstellung aufzwangen.

*

Beliebter denn je ist daher heute das präzise geformte „E i g e n z e i c h e n". Freilich nicht immer glücklich in Form und Wirkung ist das Geleistete! . . .

Der Grund für solchen Mißwachs ist zum großen Teile in einem M a n g e l a n g u t e n V o r b i l d e r n zu erblicken. Aus dieser Erkenntnis heraus hat es der Herausgeber als einem dringenden Bedürfnis entsprechend erachtet, fördernd zu wirken. Die neue Ausgabe des Monogramm-Werkes bietet in zahllosen Abwandlungen n e u e L ö s u n g e n von Künstlerhand: das „Eigenzeichen unserer Zeit".

A n r e g u n g will diese Sammlung geben, mit einem charakteristischen Z e i c h e n Buch, Briefkopf, Besuchskarte zu schmücken; den Geschäftsmann will es anspornen, Waren und Drucksachen durch eine schöne Marke seines Hauses ansehnlich und werbekräftig zu machen. Vor allem wird die für den Reiz alles künstlerisch Geformten empfängliche D a m e darin zahllose, feingestaltete M o n o g r a m m e finden — den Namenszug kokett, lustig und zart geformt und verziert — zum Besticken der feinen Wäsche, des spitzenumrandeten Taschentuchs. Zum Einprägen, zum Eingravieren, zum Einmeisseln, zum Einlegen in Metall, Glas, Papier, Stein und Holz kann das künstlerisch geformte Besitz- und Urheberzeichen Verwendung finden. Das Werkchen bringt Anregung in Hülle und Fülle, es berücksichtigt jeden Geschmack, nur den schlechten nicht! Denn es will, — ebenso wie die anderen Erzeugnisse des Verlages, — ein Bedürfnis nicht nur befriedigen, sondern zugleich b i l d e n und e r z i e h e n . . . . . Möge es auch diesmal seinen Zweck erfüllen! . . . . .

D a r m s t a d t, Oktober 1920.

DER HERAUSGEBER.

MONOGRAMME LV. WE. AW. TV. AK. MD. TC. FA. AJ.
(PAUL H. HÜBNER)

MONOGRAMME RV. R. B. LA. LK. TD. FU. MK. TU.
(PAUL H. HÜBNER)

MONOGRAMME WH. VR. STSCH. GV. FL. MT. FL. WH. LB.
(PAUL H. HÜBNER)

MONOGRAMME KA, RL, LR, WL, FL, OA, EV, WM, FE.
(PAUL R. HÜBNER)

MONOGRAMME GA. EL. GH. TO. MD. FK. ST SCH. FU. PH SCH
(PAUL H. HÜBNER)

MONOGRAMME CP. MK. CT. NA. LK. AK. LR. ST SCH. TA.
(PAUL H. HÜBNER)

MONOGRAMME CT. LT. WH. LK. SM. KW. LZ. MP. EK.
(PAUL H. HÜBNER)

MONOGRAMME LK. DDK. TW. ME. V. SR. STSCH. AP. MK.
(PAUL H. HÜBNER)

MONOGRAMME LK. RL. FH. GA. G. CV. WH. WL. AT.
(PAUL H. HÜBNER)

MONOGRAMME S. G. I. A. PH. MS. MA. WH. TU.
(PAUL H. HÜBNER)

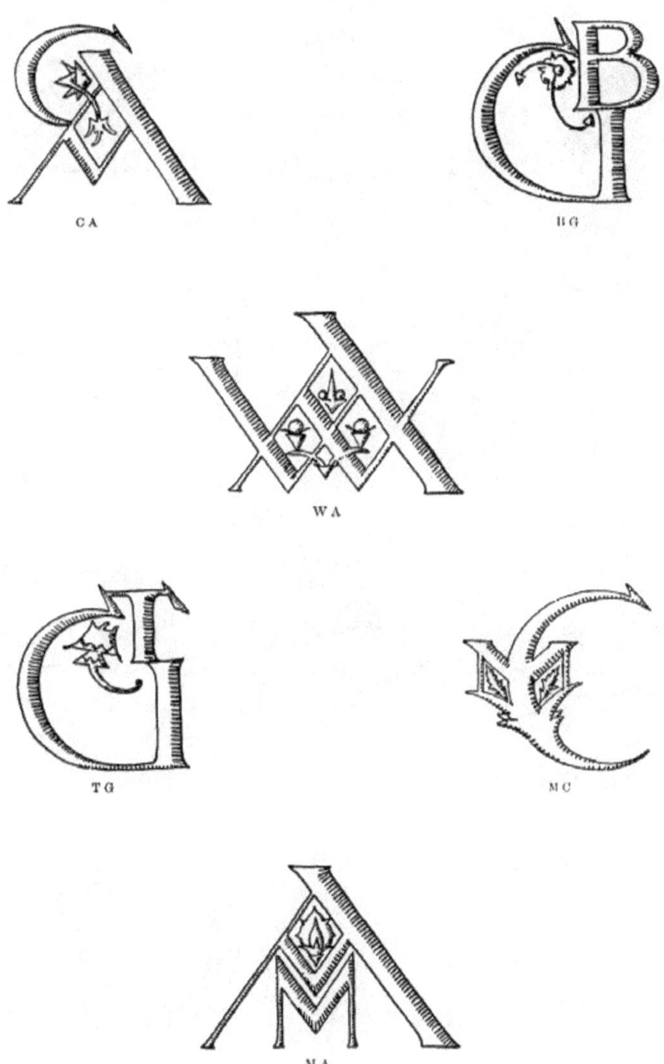

MONOGRAMME CA. BG. WA. TG. MC. MA. VON CLÄRE PALLENBERG

MONOGRAMME BC. CC. JG. VON CLÄRE PALLENBERG. ZV. JDV. VON HANS MELCHING.
IVM. EK. IV. J. K. VON RICHARD KANNENBERG

MONOGRAMME ST. VON MARIA KRAUSS. DRS. ARV. OS. RD. VON HANS MELCHING.
LE. LT. GW. ZW. VON JOS. FUCHS

JLT

SL

MR

JD

FF

FB

MSR

MONOGRAMME JLT. LS. MR. JD. MSR. VON MARIA KRAUSS
FF. FB. WIENER WERKSTÄTTE

MONOGRAMME AB. Z. ML. S. W. P. JR. CV. VON MARIA LANGER-SCHÖLLER

MONOGRAMME DRBCo. VON HANS MELCHING. NO. ED. CJ. PR. PE. WIENER WERKSTÄTTE
E. F. B. BRW. JEAW. W. VON J. HILLERBRAND. EM. R. VON RICH. KANNENBERG

DKUD

EGL

AG JSL & Co.

DS

RD

SJ

PH

HL

HM

MONOGRAMME DKUD, EGL, AG JSL & Co, DS, RD, SJ, PH, HL, HM, VON HANS MELCHING

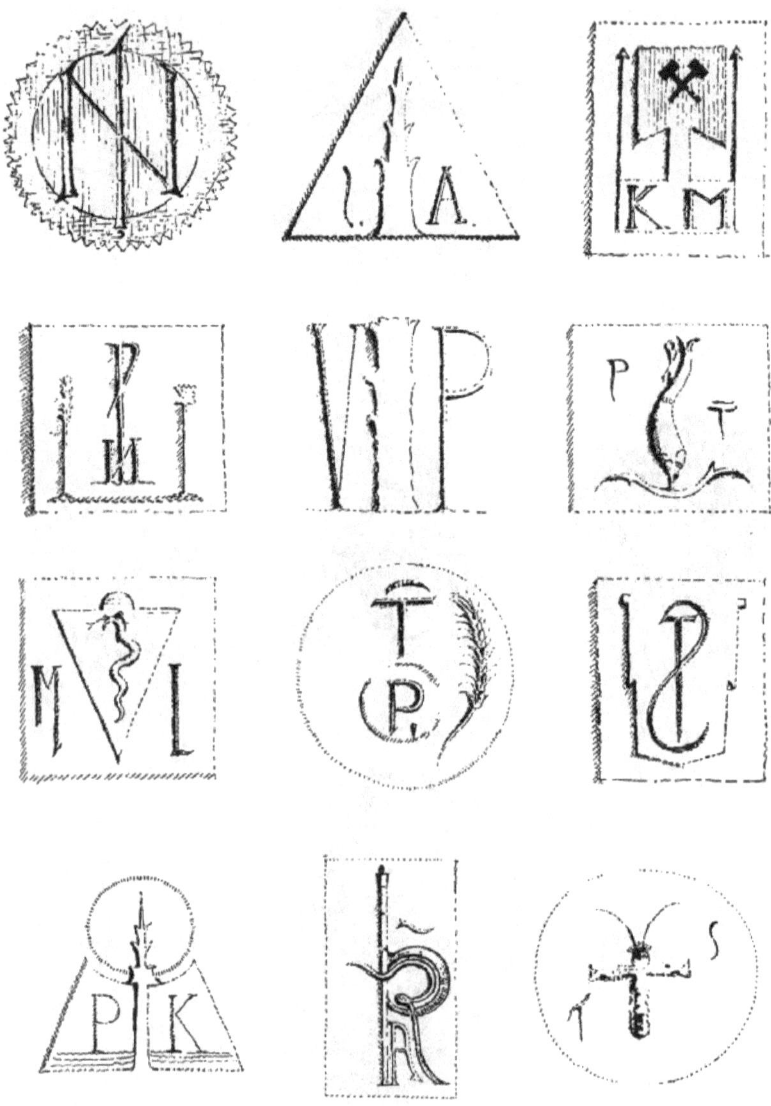

MONOGRAMME IN. IA. KM. NP. VP. PT. ML. TP. TS. PK. AR. TS. VON WILHELM L. POSTAL

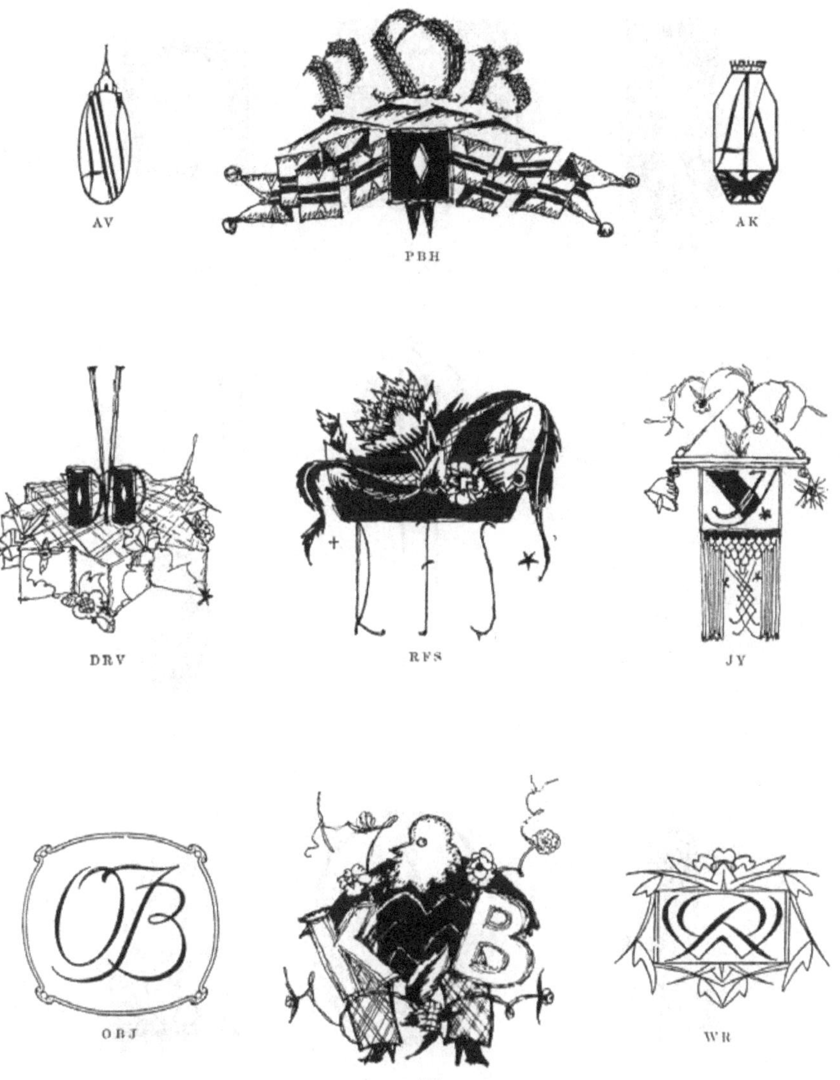

MONOGRAMME AV. AK. VON JOS. FUCHS. PBH. DRV. RFS. JY. KB. VON HANS MELCHING
OBJ. VON REINH. MÜLLER. WR. VON WERNER EDLICH

AΩ MUSIK BILDNIS

A PJ EI

DS GS RvL

EB EB

MONOGRAMME AΩ, EB. VON HELMUTH HAUPTMANN. A. GS. PJ. EI. DS. RvL. VON GEORG SCHMIDT

MONOGRAMME SFR. SRG. AKD. CD. PSB. GR&Co. VON PAUL UND MINNA LANG. AN. VON HANS WEBER
W. VON MARIA KRAUSS. K. J. VON J. HILLERBRAND. HJ. VON RICH. KANNENBERG
GL. SG. GV. LS. LS. VON GEORG SCHMIDT

MONOGRAMME VB. TH. VON WERNER EDLICH. LRL. TZ. JS. GBED. HSM. SH. VON HANS MELCHING

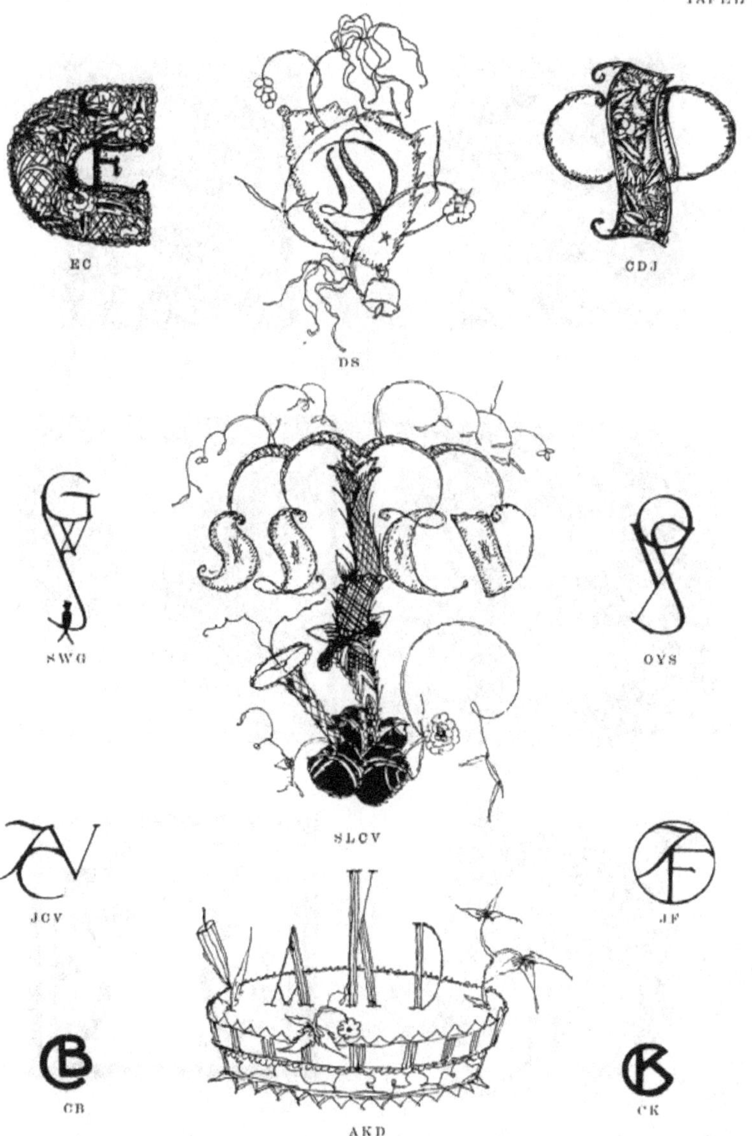

MONOGRAMME EC. DS. CDJ. SLCV. AKD. VON HANS MELCHING. SWG. OYS. JCV. JF. VON JOS. FUCHS
CB. CK. WIENER WERKSTÄTTE.

ZIERBUCHSTABEN VON HELMUTH HAUPTMANN UND PROFESSOR RICHARD ROTHE

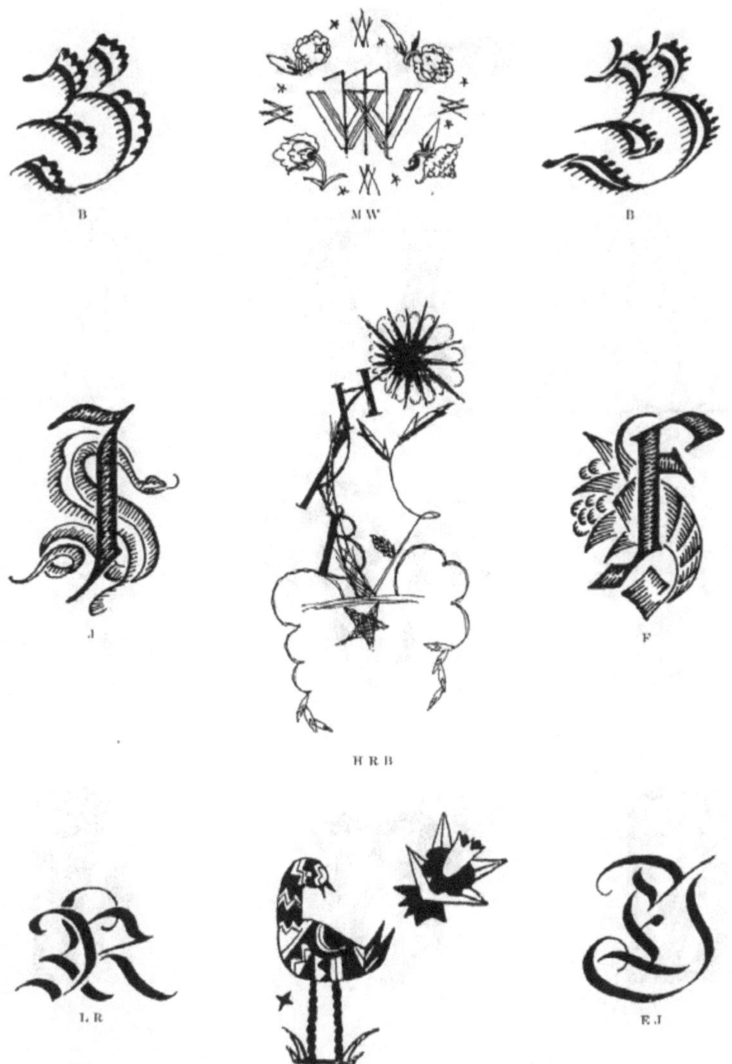

MONOGRAMME B. B. LR. EJ. VON HELMUTH HAUPTMANN. MW. HRB. VON HANS MELCHING.
J. F. VON EMIL LAAGE

P J M   R   S L R

M R   M W F   M S

E E R   F F   L J V

MONOGRAMME VON A. KOHL. M W F. E E R. F F. L J V. VON K. KLAUSS.
P J M. S L R. M R. R. M S. VON MARIA KRAUSS

TAFEL 27

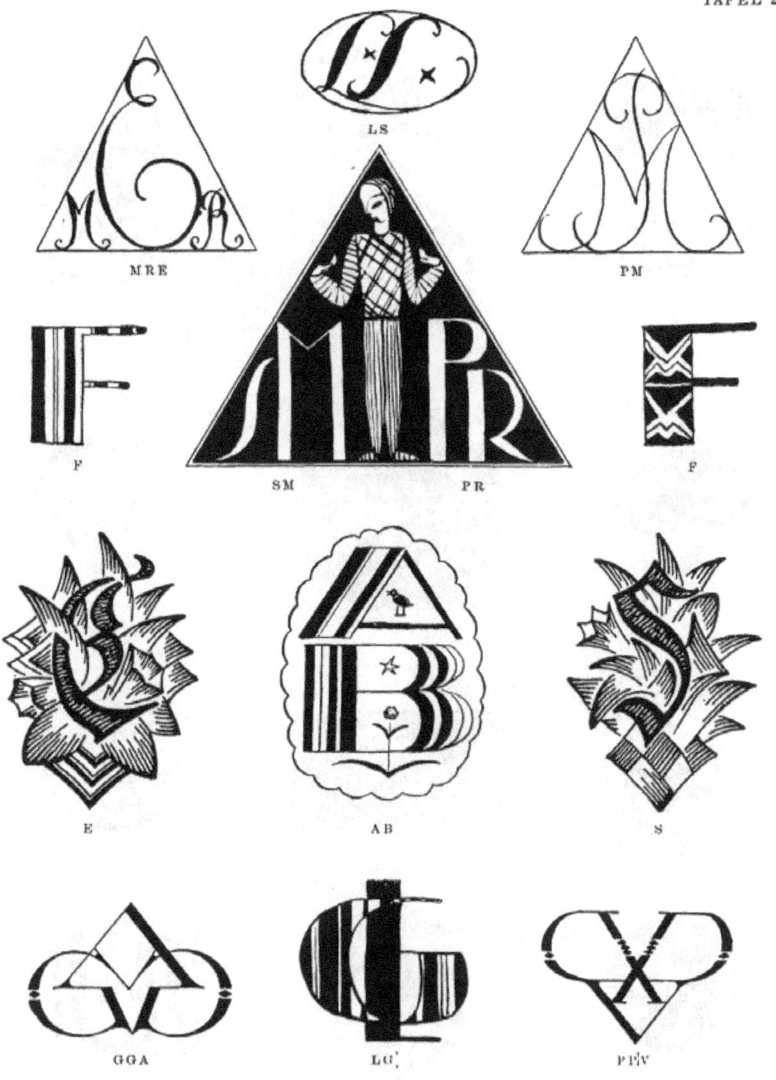

MONOGRAMME L S. M R E. P M. F. S M P R. F. A B. L G. VON MARIA KRAUSS. E. S. VON EMIL LAAGE
G G A. P P V. VON K. KLAUSS

MONOGRAMME E B. VON PHIL. LÖHR. P L V. M A. D B. J B K W. VON H. TH. HOYER
B C A V. C A D J. E R B. K D. VON E. MAUTE. M G. R N. VON LAURA KUNO. H V. M J. VON PAUL DIENST

MONOGRAMME A K. VON BOY-PAYSEN. V W M. VON KÄTHE KOTZEM. O R. D. VON LOUIS HELBRECHT
O M. A A. VON CARMELA PRATI. K B U. VON EMIL LAAGE.

MONOGRAMME P S. ML. S R, R M. R S. M K F. H K. VON MARIA KRAUSS. J B. VON BOY-PAYSEN
M A H. VON CARMELA PRATI. A V S VON MARGARETE FINGER. P P. VON PAUL SÜSS

E

M K

D

E K J

K E

ST F A K W

A W

O A H

T W

MONOGRAMME E. D. VON ERICH LAUBE. M K. E K J. ST F A K W. T W. VON MAX KORNER U. BERTA PEIPERS
A W. VON M. SCHELLERT. O A H. VON ERICH LAUBE

MONOGRAMME E A. E U. M S. G M B H A. H M. C R. H W. A K. W R S. VON ERICH BÜTTNER
G H. L P. VON M. SALZMANN. J D. VON LOTTE KRAUSE-RUDOLPH

MONOGRAMME A W. VON MARG. FINGER. K v. H. VON PAUL SÜSS
Z T V. A W T. H Z. K U W. O D. V E B. VON BERTA SIMLINGER. E R. L B. VON KARL DEPMEYER
K N T. S S. VON ERICH LAUBE

MONOGRAMME H A. VON CARL CRÄMER. H P. VON JULIA STROBEL. J Z L. B B A. VON BERTA SIMLINGER B S. B G. VON PAUL SÜSS. G M T. VON TH. HOYER P V. VON KÄTHE KOTZEM. A M. VON WERNER EDLICH R B. VON J. BÜCHNER. W H. VON HEDDA KUNZ

MONOGRAMME J L. W L. VON KUNSTGEW.-SCHULE DRESDEN. A v. B. VON A. KOHL. A R. V. VON ANNA FÖRSTER
G Z. G. VON PIRLING & SAUER. M F. VON MABEL SEVERAIN. L B. VON GEORG BREITWIESER
B B. VON EDUARD HIEKE M S. VON M. SCHELLERT. F S. VON THEO KLEMM

MONOGRAMME E v. B. L v. B. G D. VON BERNHARD WENIG. R C. E R. VON P. WOLBRANDT. M v. G. VON A. KOHL
F R. E S. WIENER WERKSTÄTTE. A D. VON ERICH MAX ETZOLD. A Z. VON M. SCHELLERT
W O M. P M. VON MARIA KRAUSS. O Z. VON MAX KÖRNER

MONOGRAMME U. L. VON ERNST AUFSEESER. G & F. VON PAUL DIENST. G B. VON G. BREITWIESER
L D. O Z Co. W B. VON W. KNITTEL. A F. VON ANNA FÖRSTER. L S. M. VON EMIL LAAGE
E Z. VON JOSEPH FUCHS. W M F. F L H. G H. T H. H H H. VON FERD. NIGG

MONOGRAMME VON PROF. ADELBERT NIEMEYER. A B. H L. KUNSTGEW.-SCHULE BUDAPEST

MONOGRAMME W T. M C. V U. O N. VON HERTA MICHEL-KOCH. D D. VON W. REIFF
L K. N N. A K. E B. A R. E K. L D. A B. VON A. M. SCHWINDT. M U. VON TONI HOFER. R D P. VON A. KOHL
W M. O M S. VON ELLA MARGOLD. S W S. VON ADOLF HOLUB

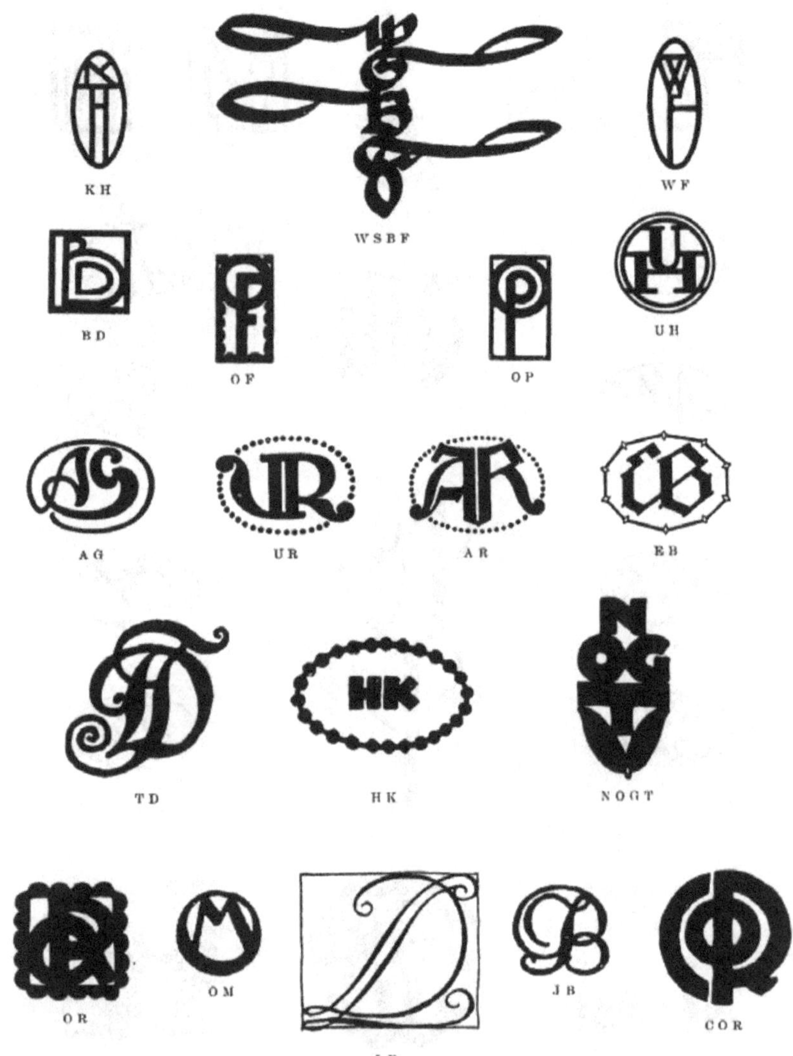

MONOGRAMME K H. O F. O P. W F. B D. U H. VON PETER WOLBRANDT
W S B F. VON A. KOHL. A G. U R. A R. E B. VON WILLY BELLING
T D. C O R. H K. O R. O M. L D. J B. N O G T. VON KUNSTGEWERBE-SCHULE BUDAPEST

MONOGRAMME L W. W M. VON HANS WEBER. O M. VON WERNER EDLICH. G R. D K A. VON KARL SIGRIST
E W. VON PHIL. LÖHR. M F. A E G. VON PROF. PETER BEHRENS
K W K. W K W. K W K T. A E G W. VON JOSEF AUTHERID. M E. R A. VON RUDOLF STOLL

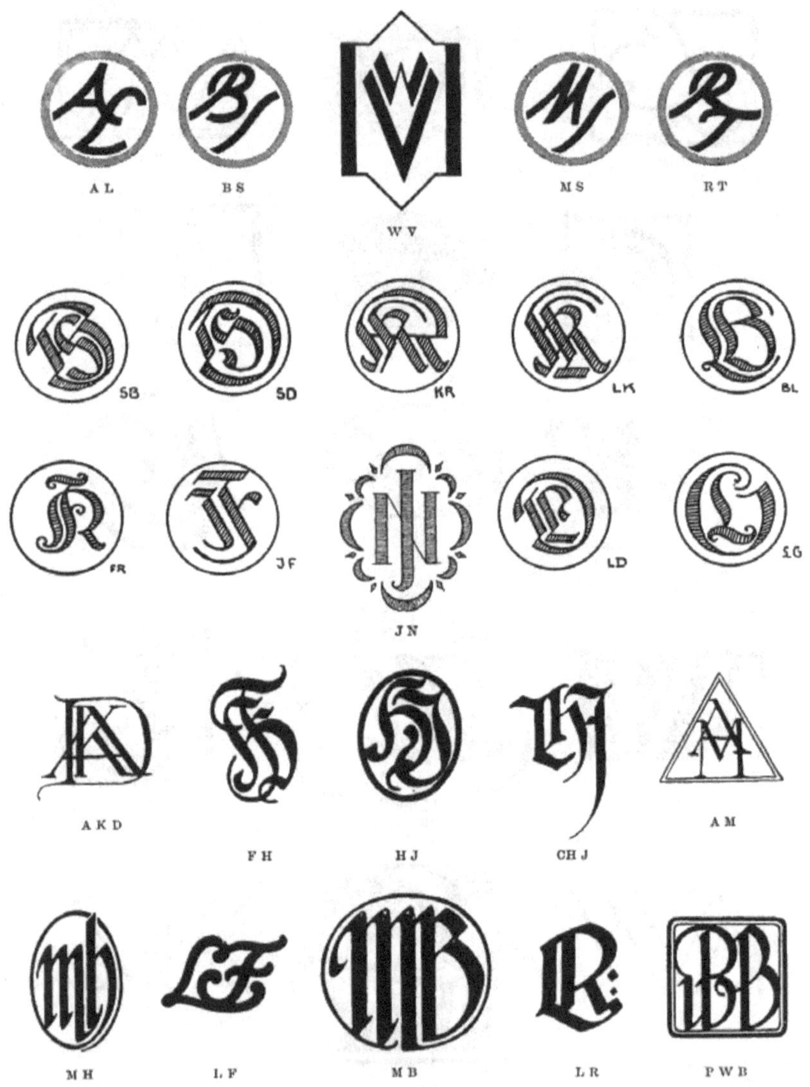

MONOGRAMME A L. B S. M S. R T. VON MAX ZÖLLNER. W V. VON WALTER MIRITZ
SB. SD. KR. LK. BL. FR. JF. LD. LG. VON ALFRED KUSCHE. J N. VON WERNER EDLICH
A K D. FH. HJ. CH J. AM. VON HEINR. JOST. M H. L F. M B. L R. P W B. VON GEORG BREITWIESER

MONOGRAMME S A. L L. VON EUGEN STOLZER. L. VON RICH. KANNENBERG. H J. D K U D. S D T. B K L. Z B. VON BRUNO EYERMANN. E F L. VON HANS MELCHING. M Q. VON SCHWANHILD HENTSCHEL N P. D D. L D. L L. VON PETER WOLBRANDT. W M. KUNSTGEWERBESCHULE BUDAPEST

MB JGF HOP

LS SLG HJR

JK LL A v. W NO LM

M v. M M v. A M v. W

MONOGRAMME M B. VON MARCUS BEHMER. J G F. VON EMIL LAAGE. H O P. VON RICH. KANNENBERG
L S. H J R. VON K. KLAUSS. S L G. VON A. KOHL. J K. L L. KUNSTGEWERBESCHULE BUDAPEST
A v. W. VON BERTA SIMLINGER. N O. L M. VON ADOLF HOLUB. M v. M. M v. A. M v. W. VON EMIL PIRCHAN

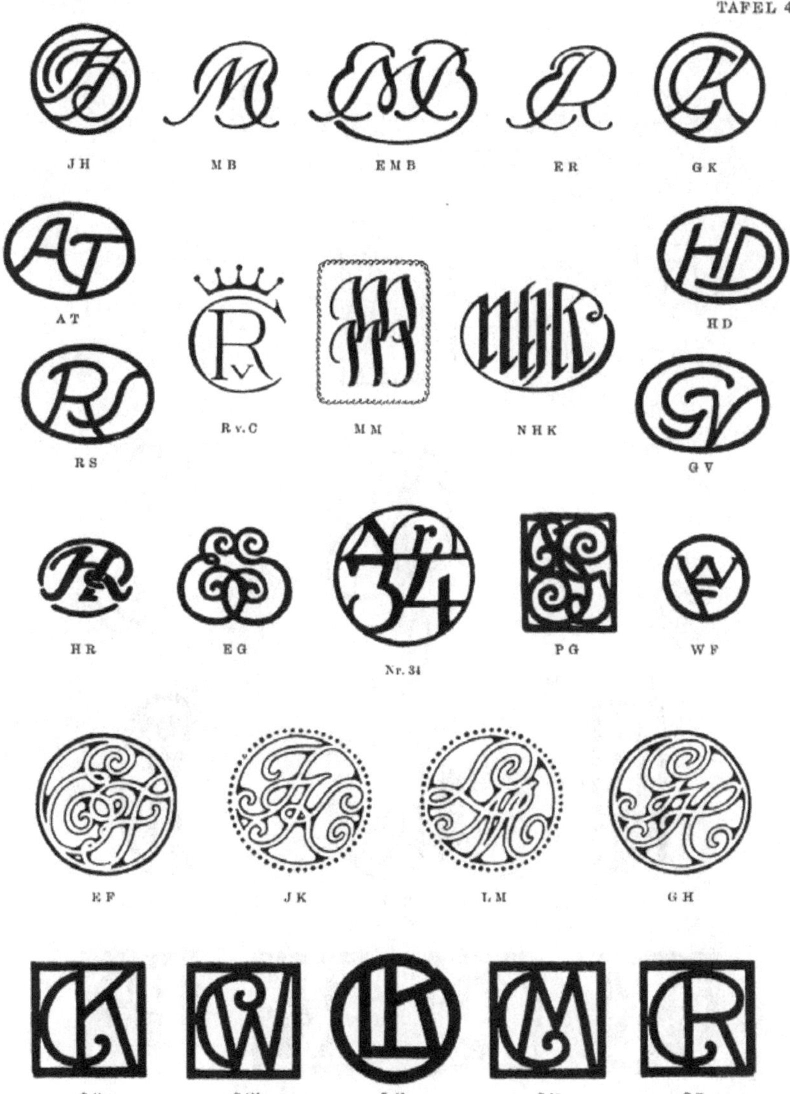

MONOGRAMME J H. M B. E M B. E R. G K. VON G. OLBRICHT. A T. R S. H D. G V. VON GUSTAV WEIKERT
R v. C. VON SCHWANHILD HENTSCHEL. N H K. M M. VON GUSTAV LÜDECKE. H R. E G. Nr. 34. P G. W F.
VON MARIUS AMONN. E F. J K. L M. G H. VON JULIUS NIETSCHE. C K. C W. L K. C M. C R. VON TH. WEHRLI

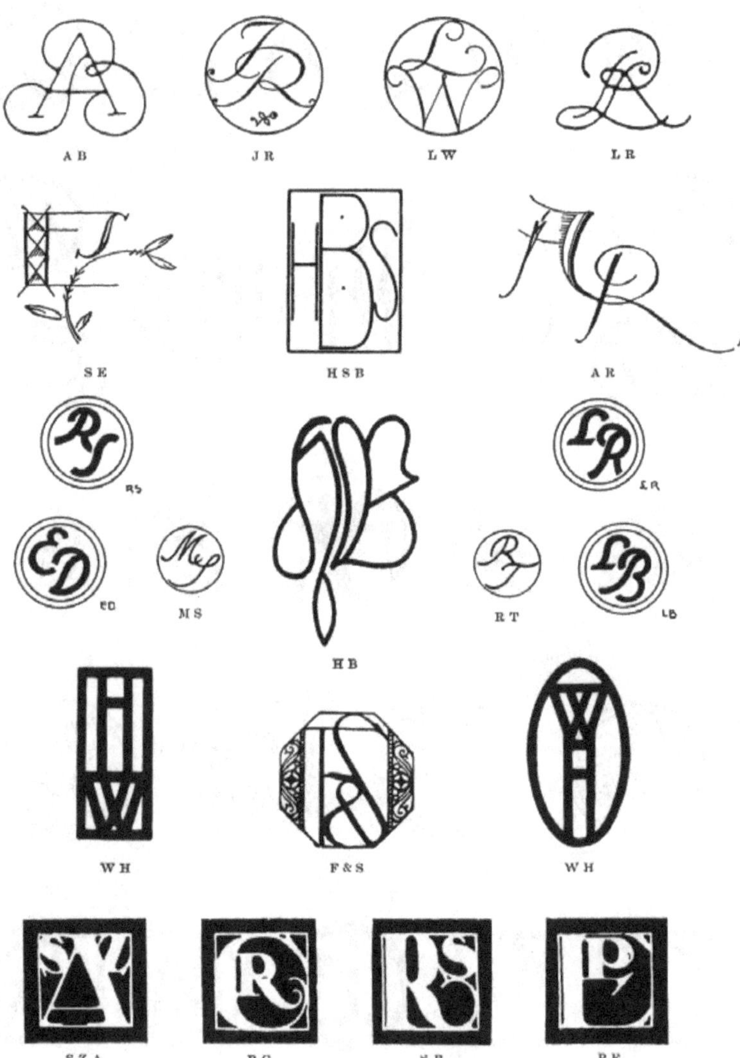

MONOGRAMME A B. J R. L W. L R. VON W. REIFF. H S B. VON A. M. SCHWINDT S E. A R. VON EUGEN STOLZER
R S. E D. L R. L B. M S. R T. VON MAX ZÖLLNER. H B. VON A. KOHL. H W. W H.
VON PETER WOLBRANDT. F & S. VON JOS. FUCHS. S Z A. R C. S R. E P. KUNSTGEWERBESCHULE BUDAPEST

MONOGRAMME M W. W T. I B. VON PROF. F. H. EHMCKE. AW. VON KÄTHE KOTZEM
R G. J R. K L. J R. S L. VON ALFRED KUSCHE. Z S Z. VON KUNSTGEW.-SCHULE BUDAPEST. E A. VON PETER WOLBRANDT. L B. VON PROF. PETER BEHRENS. M R. A H. VON TONI HOFER. M N. VON PROF. F. H. EHMCKE

MONOGRAMME L K. A K D. D A. W F. W A. v. S. B A. M ST. O T. VON PAUL H. HÜBNER

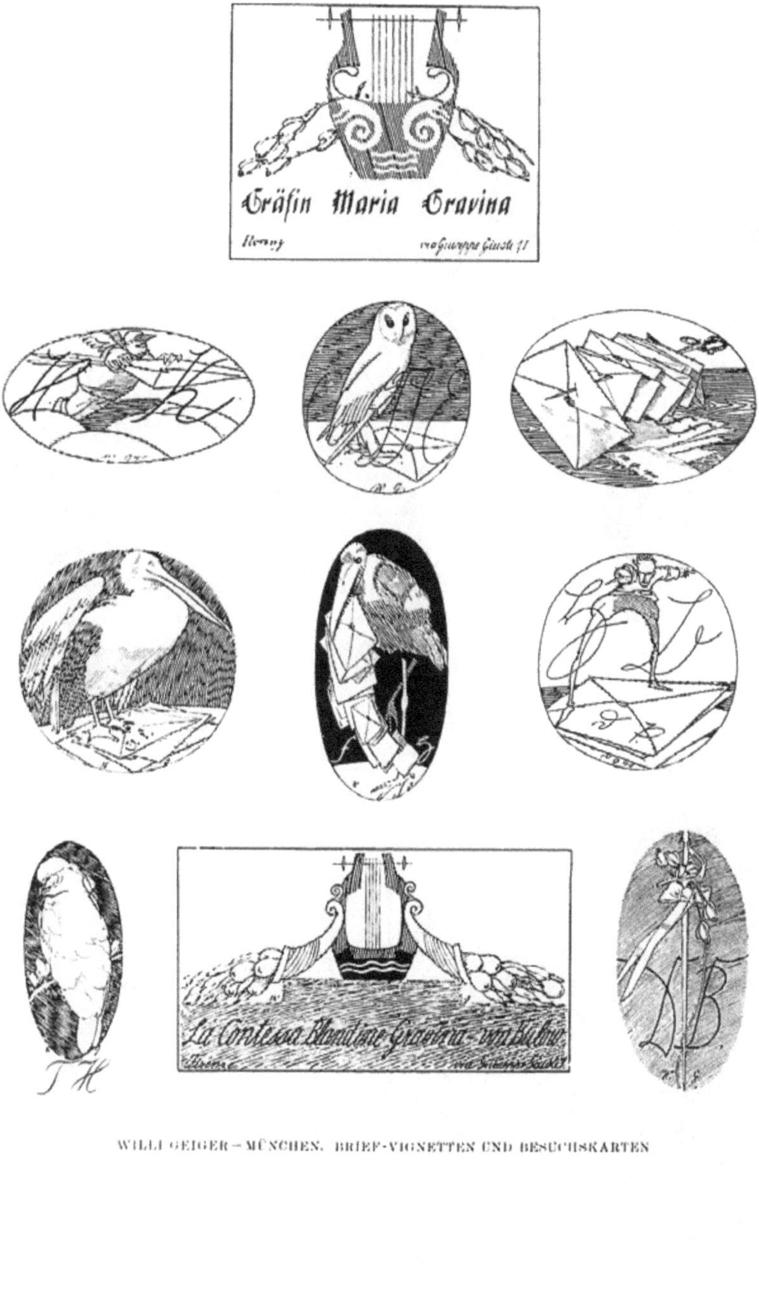

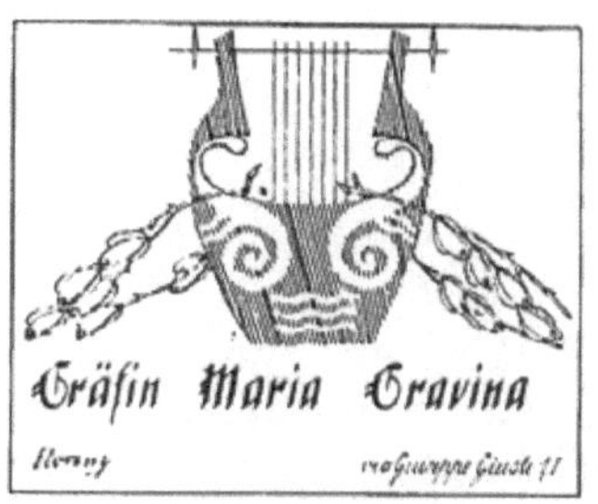

WILLI GEIGER – MÜNCHEN. BRIEF-VIGNETTEN UND BESUCHSKARTEN

Zeitfracht Medien GmbH
Ferdinand-Jühlke-Straße 7
99095 Erfurt, Deutschland
produktsicherheit@kolibri360.de